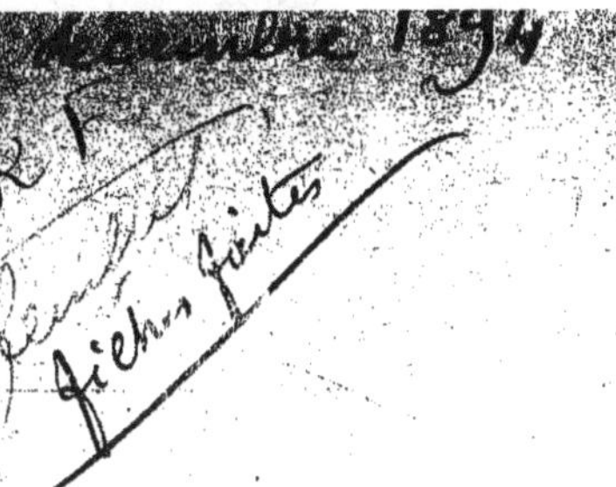

25 TABLEAUX

ET

Une Aquarelle

PAR

E. Berne-Bellecour

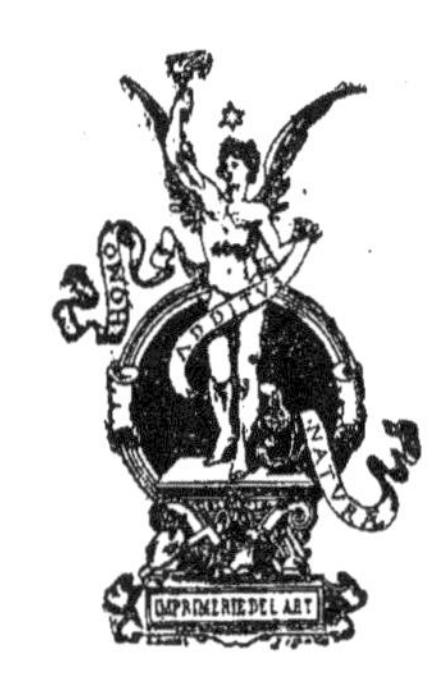

IMPRIMERIE DE L'ART

CATALOGUE

DE

25 TABLEAUX

ET

UNE AQUARELLE

PAR

Berne-Bellecour

DONT LA VENTE AURA LIEU

HOTEL DROUOT, SALLE N° 6

Le Jeudi 13 Décembre 1894, à 3 heures

Par le ministère de Me LÉON TUAL, commissaire-priseur

56, rue de la Victoire, 56

Assisté de M. FÉLIX GERARD fils, expert

7 *bis*, rue Laffitte, 7 *bis*

EXPOSITIONS

PARTICULIÈRE	PUBLIQUE
Le Mercredi 12 Décembre 1894	**Le Jeudi, jour de la vente**
DE DEUX HEURES A SIX HEURES	DE UNE HEURE ET DEMIE A TROIS HEURES

Ce Catalogue se distribue à Paris

Chez Me **LÉON TUAL**, commissaire-priseur, 56, rue de la
Victoire.

— **M. FÉLIX GERARD fils**, 7 *bis*, rue Laffitte.

————

Phototypie de la maison A. Braun et Cie, 3, boulevard des Capucines.

————

CONDITIONS DE LA VENTE

Elle sera faite au comptant.

Les acquéreurs payeront *cinq pour cent* en plus des prix
d'adjudication.

Paris. — Imp. de l'Art. E. Moreau et Cie, 41, rue de la Victoire.

DÉSIGNATION

TABLEAUX

1 — *Longue faction.*

Un turco, en grand'garde près d'une rivière, regarde mélancoliquement couler l'eau. Un autre turco au loin. (Campagne 1870.)

Haut., 40 cent.; larg., 3o cent.

2 — *Trop chaud !*

Un lignard, déjeunant, souffle sur sa cuillerée de soupe.

Haut., 26 cent. 1/2; larg., 35 cent.

3 — *Loin du pays*.

Un jeune marin, assis sur un parapet, jette un regard rêveur sur le port enveloppé des brumes du soir.

Haut., 41 cent.; larg., 20 cent.

4 — *La Cigarette*.

Dans une cour de caserne, en plein soleil, un chasseur à cheval, contre un abreuvoir, s'apprête à fumer.

Haut., 37 cent.; larg., 27 cent.

5 — *Après l'orage*.

Caissons d'artillerie et ses servants dans un chemin détrempé par la pluie. Au loin, on tire encore. Effet du soir.

Haut., 35 cent.; larg., 19 cent.

6 — *Le Pont-levis.*

Porte d'une citadelle gardée par des cuirassiers.

Haut., 44 cent.; larg., 34 cent.

7 — *Le Jour de lessive.*

Un cavalier en petite tenue, près d'un puits, se repose un instant avant de reprendre les deux seaux d'eau qu'il vient de tirer.

Haut., 37 cent.; larg., 26 cent.

8 — *Artilleur démonté.*

Près d'un caisson renversé, un artilleur, enveloppé dans son manteau et appuyé sur sa carabine, monte la garde.

Haut., 35 cent.; larg., 26 cent.

9 — *Le Coup de l'étrier*.

Un chasseur, avant de se mettre en selle, est en
train de remplir son bidon. Dans le fond, un village
ensoleillé.

Haut., 35 cent.; larg., 27 cent.

10 — *L'Ordonnance*.

Auprès d'une porte rustique, nettoie des brides.

Haut., 35 cent.; larg., 26 cent.

11 — *Un Commençant*.

Dans les fossés d'un ancien château-fort, un chasseur à cheval, en tenue d'été, apprend à sonner de la
trompette.

Haut., 37 cent.; larg., 25 cent.

12 — *Près du bastion.*

Après la leçon et avant de rentrer à la caserne, un tambour allume une cigarette.

Haut., 37 cent.; larg., 25 cent.

14 — *Au printemps.*

Dans un verger en fleurs, deux amis d'enfance lisent une lettre intime.

Haut., 39 cent.; larg., 27 cent.

15 — *Avant le combat.*

L'action va s'engager. Un mobile s'arrête devant un calvaire pour faire une courte prière avant de rejoindre ses compagnons qui vont combattre.

La scène se passe dans un paysage dont le brouillard d'hiver est doré par le soleil levant. (Guerre de 1870-71.)

Haut., 47 cent.; larg., 34 cent.

16 — *A la frontière.*

Sous un ciel sombre dont l'horizon s'éclaircit, un soldat garde un canon.

Haut., 37 cent.; larg., 25 cent.

17 — *En permission.*

Dans un riant paysage au bord d'un petit cours d'eau, un fantassin pêche à la ligne.

Haut., 24 cent.; larg., 14 cent.

18 — *Le Repos.*

Un jeune tambour à moitié couché sur l'herbe, s'appuyant sur sa caisse, écoute nonchalamment des clairons qui s'exercent.

Haut., 37 cent.; larg., 31 cent.

19 — *Pour la cantinière.*

Un maréchal de logis monté sur un banc devant la fenêtre d'une cantine, demande la cantinière pour lui souhaiter sa fête.

Haut., 46 cent.; larg., 32 cent.

20 — *Pendant les manœuvres.*

Dans un chemin creux d'un site aride, un hussard, appuyé sur l'encolure de son cheval, vient de mettre pied à terre pour le laisser souffler.

Haut., 55 cent.; larg., 39 cent.

21 — *Avant de s'embarquer.*

Un marin de l'Etat, avant de prendre la mer, assiste avec son enfant à une messe dans une église de la côte.

Haut., 75 cent.; larg., 54 cent.

22 — *Baignade.*

Au milieu d'une verte prairie que traverse une petite rivière, des soldats se déshabillent pour se baigner.

Haut., 14 cent.; larg., 24 cent.

23 — *En vedette.*

Chasseur à cheval au sommet d'un chemin montant.

Haut., 14 cent.; larg., 24 cent.

24 — *Lassitude.*

Après une corvée, un chasseur se repose devant une porte de cellule.

Haut., 37 cent.; larg., 25 cent.

25 — *Dans la neige.*

Un officier d'état-major se réchauffe à un feu abandonné.

Haut., 37 cent.; larg., 25 cent.

26 — *Chasseur à pied.*

(Etude de soleil.)

AQUARELLE

---

27 — *Abandonné!*

Au milieu d'une plaine déserte, un uhlan légèrement blessé se soulevant de terre boit avidement à une gourde. Sa monture fourbue est restée sur le lieu du combat.

Haut., 38 cent.; larg., 54 cent.

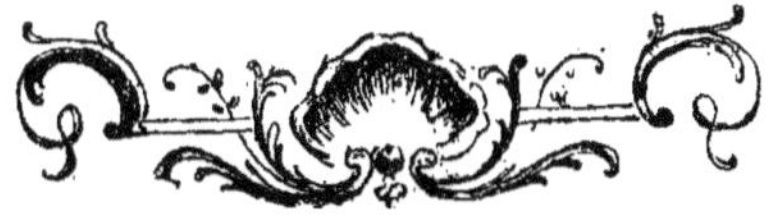

www.ingramcontent.com/pod-product-compliance
Lightning Source LLC
LaVergne TN
LVHW010850180726
843502LV00010B/3814